CW00552626

COLLECTION POÉSIE

JACQUES RÉDA

Hors les murs

GALLIMARD

Le parallèle de Vaugirard

DEUX VUES DE JAVEL

I

La péniche, tiens, s'appelle *Biche*, vide elle avance la proue en l'air, doucement. Derrière elle se déploie un lourd éventail d'ondes et puis de contre-ondes qui s'entrecroisent, mollement, fondant tout le plomb du fleuve inerte en pan de verre cathédrale. Y ballottent candides six canards. Sur l'autre berge, au carrefour du quai Citroën et de la rue Leblanc, se dresse un avertisseur d'incendie. Tout est tellement désert ce soir que je le prends d'abord pour un homme, un homme seul, absolument seul (il ignore que je le vois), irrévocablement seul avec son cœur plein de ronflements de sirène dans les orties, seul et méchant, et qui enfonce si fort les mains dans des poches trop étroites, pour s'absorber dans le sol, que ses grosses épaules sous un pull rouge lui remontent jusqu'aux oreilles. Si je le hélais par-dessus l'eau qui porte, il ne m'entendrait pas. Ne bougerait pas si on le cognait en pleine figure comme une vitre d'appel d'incendie, crachant peut-être une poignée de dents, et se mettant à hurler pour rien dans ce quartier de gravats et de murs peu combustibles. Cependant cet homme n'est pas triste : il est foutu, c'est différent. Car la tristesse projette une ombre arbitraire sur le monde, tandis que l'état foutu perçoit impartialement, bien que sans grand profit, son ordre et ses couleurs. Ainsi le blond céréale du sable en cônes dans les trémies, l'immonde vert roux empoisonné des algues vomies le long des rives, où tout vient se disposer sans art mais à la perfection : les tours comme en pièces détachées d'usine d'électronique, les pointes de braise dans les collines carbonisées de Meudon, les bétonnières avec leurs toupies immobiles, les touffes d'ivraie et de flouve odorante sur les talus. Ce qui dévie, dévie en vertu d'un sens encore plus profond des lois et de l'équilibre, comme cette péniche qui flaire le vent, comme ces touristes allemands hagards qui cherchent la direction de Montmartre, et à qui hagard je réponds *rechts* pour *links* — où sont-ils à présent ? Rendus à la fatalité qui réglait ma propre trajectoire et qui veut que chaque pas soit prévu, comptés chaque mot, chaque pointe aberrante ou non d'herbe, d'étoile, de ferraille, et chaque noix de la houille amoncelée en vrac derrière d'impavides madriers. Aucune trace de hasard ou de négligence ne se discerne. On a même balayé le quai, en aval du pont Mirabeau, d'où l'on voit le toit de petit sanctuaire zen en zinc de la gare, et une tour Eiffel en lattis de tonnelle trembler au bout des rails. Contre le mur du chemin de fer dépérissent un pied de vigne et trois plants de rhubarbe. Ce que remâche l'homme de la rue Leblanc doit avoir la saveur caustique de ces raisins. Cependant le soir se fait doux comme le fond d'une vieille boîte. J'y reste si droit dans le grand rangement, sous ma chemise écarlate, que les rares passants me prendront de loin pour un avertisseur.

Je ne cesserai donc jamais de chercher, d'attendre :
qu'est-ce qui me réclame ?
Au croisement de la rue Gutenberg j'emprunte la rue
Cauchy.
Des gouttes souples comme des pattes de chat vont
devant moi sur l'asphalte,
jusqu'au petit cimetière de Grenelle dont bronchent les
marronniers.
Le soleil apparaît comme une pomme d'arrosoir en
cuivre
et s'enfouit aussitôt au fond d'une lessive de haillons ;
il s'en dégage sur les hangars un bouillon de buée chaude
qui ranime le rouge de la rouille et, dans le bois des bar-
deaux
que le vent branle et décloue, une vieille disposition
salace.
Un éclair nu se désarticule à ce moment sous mes pieds.
Trop loin de la Maison Lauvergnas et des bistros arabes,
je vais me réfugier dans le tunnel qui fait communiquer
les rails de Citroën avec le quai du port aux sables,
houilles et graviers croquants entre les dents de l'orage — je
me voudrais prosaïquement ailleurs que dans ce noir
courant d'air
amplificateur de tonnerre et conducteur de foudre
d'où me délivre enfin la septuple extase d'un arc-en-ciel.

DEUX VUES DE BERCY

I

Il est évident que le soleil s'arrête et ne bougera plus.
Comme au fond de champs gris sous les tours se reposerait une faneuse,
sa face rose à travers les branches luit sur les toits de Bercy.
Je tourne entre le milieu du fleuve et le parvis blond de l'église,
je suis comme le démon variable de l'immobilité.
Là des sables adoucis marquent les étapes de la décrue,
paupières superposées vers le retour au sommeil de l'eau ;
ici j'aperçois une timide servante de la lumière :
dans un recoin mauve de grange plein de mousse elle se penche de profil,
les mains au creux du tablier parce que *l'ouvrage est faite*,
et que dans le silence heureux de sa tête les derniers mots sont dits.
J'ai appelé un chat roux qui s'est assis par politesse,
qui n'attend qu'un délai convenable pour pouvoir repartir.
Je le sens compréhensif mais la circonstance l'embarrasse ;
il s'enfonce dans son poil et cligne bien chanoinement des yeux.
Alors une pie s'envole et, du pont de la gare de la douane,

roule le grondement d'un train moelleux, entre le fer et
    le pavé,
comme le corps assoupi du temps quand il se retourne
    en rêve
(et rêvant qu'il s'entend dormir dans le silence de Paris,
où je fais grincer ce petit volet aux boîtes du bureau de
    poste).

II

Depuis quand n'a-t-on pas utilisé l'étroit banc de pierre
  ménagé dans un retrait de la balustrade, au pont de Tol-
    biac?
Les constructeurs avaient de ces principes ou préve-
    nances, naguère,
pour les enfants, les amoureux, les flâneurs assez rares
qui se contentent d'apprécier les tas de sable en bas sur
    le quai
du fleuve immobile tout pailleté de reflets impression-
    nistes.
Une allée de gleditschias conduit jusqu'au pont du che-
    min de fer.
La surplombent d'un côté des donjons de style station
    thermale,
et de l'autre un avis de la lessive Saint-Marc QUI NET-
    TOIE TOUT.
On voit aussi des bancs mais en fonte et bois sous les
    arbres
dont la base se fourre de touffes d'herbe, folle comme
    autour d'un puits.
Mais on ne rencontre jamais grand monde non plus
    dans ces parages;
même les clochards préfèrent des lieux d'une moindre
    austérité.
Seul le soir s'y prélasse, plongé dans une telle buée rose,

qu'elle rend en pâte de Sèvres les cubes qui broient la
gare de Lyon
et que tous les platanes de Bercy croulent d'amour sur la
rive.
Pourtant un peu de vent fait jouer, entre les piles du
pont,
des mains dans des mailles de cheveux blonds qui flot-
tent, comme à la proue
d'un chaland baptisé *Paulhan*, tout ce linge et le
pavillon
noir à tête de mort blanche et deux os en X des pirates.

DEUX VUES DE LA POTERNE

I

Tandis qu'en pleine ombre, en plein vent sous l'arche, à
la Poterne,
deux amoureux confondent leur épouvante et la dou-
ceur,
derrière l'hôtel Spot le soleil descend comme une éme-
raude
nette et polyédrique. Toutefois j'avoue : je ne l'ai pas vu,
mais sur le cimetière sa lueur qui rôde par les planètes
et prend dans sa banquise heureuse les cœurs glacés, les
tours.
Elle me révèle une origine, un destin non terrestres,
et ma vie entière apparaît d'un aspect vert et dur,
m'enjoignant : reste en paix, reste devant l'hôtel Spot,
écoute-
moi qui n'ai rien à dire, désolé soleil, désolé
de t'avoir jeté là parmi des passions et des tombes
avec la peur de ne pas savoir ou ne pas pouvoir mourir,
droit comme ces peupliers, fuseaux d'une autre durée
qui heurte
à la Poterne avec les cœurs, le vent pour t'égarer.
Mais toujours te guidera partout l'espoir crépusculaire
qui glisse vert en hiver avec le grand serpent, ici
camouflé sous les ronces, le marbre, entre les os de ta
tête,
et brillant dans l'œil à facettes des blocs de Gentilly.

À la Poterne, à la Poterne,
La Poterne des Peupliers,
Le jour d'hiver était si terne
Que j'ai senti mon cœur plier.

Mais comme j'essayais d'inventer un air pour ces paroles,

un léger mouvement se fit dans le ciel lisse comme une dalle et gris,

sans poids, sans aucun reflet dans l'eau peinte en mat de la Seine

comme un long miroir retourné sur soi-même où dormir.

Car j'arrivais des ponts qui, de l'espace de la ville en cendres,

ne laissent plus poindre que des vestiges à demi carbonisés :

la tour Saint-Jacques et les deux têtes du corps de Notre-Dame

assise immobile et distante comme un chat fabuleux.

Sur la dentelle du pont de Bercy aux quarante et une arches,

depuis longtemps les métros bleus n'osaient plus s'engager,

et pour franchir le pont de Tolbiac, devenu de neige et de sel gemme, très vite j'avais dû m'envoler comme, après un grand feu,

ces papillons aux ailes marquées d'une écriture diaphane

qui tourbillonnent parmi les mouettes et vont parfois se poser

dans la main qu'au front d'un musée ouvre une statue aveugle.

Mais c'est en traversant le pont de fer, plus loin, que je l'entendis,

lourd danseur dandiner entre des éboulis de nuages,

l'ours soleil qui rôde en hiver les vieux fourrés de Paris,

très bas sur l'horizon, très doux dans le poil fauve de son crâne

opiniâtre (et j'étais content que le soleil fût un ours,

moi troglodyte obscur des mots tapi sous la Poterne,

emmitouflé dans sa fourrure et lui volant du miel).

DEUX VUES DE PLAISANCE

I

Un ciel neutre épongeant ses moindres velléités d'averse,
on compterait sans peine les points de chute des gouttes
   sur le trottoir :
il a plu dans un périmètre de moins de trois pas sur
   quatre ;
bien avant de toucher terre tout le reste s'est diffusé dans
   le gris.
C'est une espèce de compagnie et de menace plutôt
   douces,
invitant à prendre verre sur verre dans les nombreux cafés.
Où se croisent la rue Raymond-Losserand et la rue de
   Gergovie,
il y a *Le Soleil d'Or*, *Au Bouquet* et *Le Réveil* (aujourd'hui
fermé pour cause de réunion familiale), puis à l'angle
de la rue du Moulin-de-la-Vierge, énigmatiques, *Les Ex*
dont six poivrots patibulaires veulent préserver l'énigme.
Enfin au coin de la rue Decrès, face aux *Salons Lenoir*
exposant des photos de leurs espaces pour banquets et
   noces,
la Maison Barbazange à cent ans et cent lieues de Paris.
Les murs n'ont pour tout ornement qu'une carte de
   France jaunâtre,
et le patron abandonne à regret sa belote pour servir.
Dehors les couleurs innocentes s'éprouvent et se
   concentrent ;

19

on sent quelle attention à soi vient combler le vert et le
   bleu —
surtout le vert de la mauvaise herbe, heureuse, exubé-
   rante,
sachant que rien ne pourra jamais rien contre elle qui
   vaincra tout.

II

Une expression de bonté dans le profil du bossu fait
    place,
quand il se retourne, au douloureux étonnement de
    Méphisto,
les sourcils fins arqués très haut ouvrant sur l'injustice
des yeux où vrille intermittente une pointe de méchan-
    ceté.
Mais revoici le nez bonasse et lourd sous le feutre, la
    bouche épaisse
qui souffle exactement comme se dégonfle un pneu de
    vélo,
projetant au niveau du comptoir des flocons de mousse
    de bière
et s'aplatissant sur elle-même avec satisfaction.
On voit du pain et du jambon dans son sac en plastique :
avant d'aller mâchonner seul il boit encore un demi,
tandis qu'exalté comme Néron et livide comme une
    folle
le patron donne sa collection de foulards à contempler.
J'en désigne un bleu ciel à pois cramoisis pour cette noce
où rien ne conviendra mieux, dit-il, qu'un costume
    beige ou gris.
Il ajoute : « c'est très sobre, et je me suis lassé des cra-
    vates,
et l'été, quand ma femme et moi nous irons au Maroc,

je pourrai porter la même avec un blazer bleu marine,
non?» — Si. Tout le monde approuve. On ne sait pas
  ce qu'en pense le bossu
qui s'éloigne de travers cherchant l'obscur métro Plai-
  sance,
ou ce pan coupé d'immeuble où flambe la station Per-
  nety.

DEUX VUES
DE LA BUTTE-AUX-CAILLES

I

Au fond je n'ai pas besoin de cirage, mais j'entre chez le
    cordonnier
afin de participer un peu à la vie du quartier,
apparemment si douce au printemps quand le jour
    tombe,
comme on dit, alors que s'élève un regard à peine plus
    sombre
dans la lumière nimbant les gens transfigurés qui vont
d'un éventaire à l'autre avec des sacs à provisions
et des enfants stridents et mous valdinguant loin derrière.
Car une mansuétude sans bornes envahit le cœur des
    mères,
un abandon qui les rend lourdes et les fait savater,
fondre et sourire à rien, sinon à cette ombre de clarté
qui s'est faufilée auprès d'elles, en précaire équilibre
entre la Butte enténébrée et la nuit pâle qui vibre,
par quelle porte encore entrouverte ? (Mais vous baissez
    les yeux,
vous parlez d'autre chose et vous ralentissez au lieu
de perdre absolument la tête et cette grande modestie
dont la porte a fait preuve elle-même, battant comme
    on oublie,
tandis qu'à votre insu déjà vous sombrez dans les coins
et que j'emporte ce tube de cirage dont je n'avais pas
    besoin.)

Pendu de travers au bec de gaz du passage Vandrezanne
qui penche dans la tête de Soutine et fait broncher Van
    Gogh,
ça bouge en été sous les doigts lumineux des platanes :
lavoirs, blés mûrs, vélos heureux dans la luzerne ; un fog
plus épais qu'à Londres du côté d'Elephant-and-Castle,
quand j'errais près d'un pont voûté comme un porche
    infernal,
y couve (si d'aventure vous passez, et votre nuit est seule,
entrez donc, prenez garde aux marches) une lueur de
    fanal
au ras de l'esplanade où l'écho d'un brouhaha d'auberge
monte avec le cliquetis fantôme des volants des moulins,
les frissons des eaux, des roseaux, d'oiseaux du Dessous-
    des-Berges
dont le ciel rond comme la montgolfière du vieux
    Pilâtre est plein.
Plus haut Sainte-Anne de ses clochetons aussi dévots
    que des crabes
palpe la boue d'algue rouge où dort en toute saison
    Paris.
Café, merguez, un long silence, et puis on reparle arabe ;
le vent parfois apporte le chant des cygnes de Montsouris.
Depuis longtemps l'enduit des murs a bu les lettres
    noires

mais on déchiffre encore HÔTEL RESTAURANT DU
   BON COIN.
Autour un peu d'herbe alchimique se débande, ô
   mémoire,
souviens-toi des étés. (La rue de l'Espérance n'est pas
   loin.)

DEUX VUES DE VAUGIRARD

I

Rue Desnouettes en contrebas du chemin de fer de
    Ceinture,
la maison Dequeker possède un jardin potager
qu'elle laisse à l'abandon sous un amoncellement d'or-
    dures
resplendissantes le soir au bout des rayons allongés
depuis les collines de Meudon parmi la viorne impure.
C'est un de ces lieux de contemplation muette où les
    démons
du non-agir, du non-vouloir et du sans-nom se font
    tendres
et persuasifs comme des ravisseurs d'enfants : ils m'ont
amadoué jadis, encore trop léger pour entendre
le grelot dépravé qui tinte sous leurs petits sermons.
Mais je ne les crains plus car ma tête a rencontré
    l'espace
et ses modulations de nuages en chœurs majestueux,
où commence à tourner la roue d'un dieu bénin qui
    passe
à vélo, pour que cet instant doré se perpétue. Eux
alors vont s'enfouir sous un lierre qu'ourdit le fond de
    cette impasse,
ou se dissimulent dans les brasseries désertes des envi-
    rons.
Je ne conseille pas aux simples dilettantes de les suivre :

gare à ceux qui sous la passerelle obscure s'attarderont.
Le ciel où s'illustra Farman devient d'iris et de cuivre ;
dans les branches du boulevard Victor rit l'hiver, vieux
   clairon.

II

Ma fenêtre ouvre au nord : jardins de mousse et de
    ciment ;
Des arbres japonais y dessinent avec talent
Jusqu'à midi contre l'hiver doré. Puis l'ombre tourne
Avec ses sacs de charbon sur la tête, et les enfourne
Sous un soleil apoplectique entre les toits fumeux.
C'est l'hiver noir, suivi des gens sans mémoire et sans
    feu
Qu'on voit se hasarder au fond des couloirs du
    dimanche
Où le vent arrache un dernier lambeau de ciel pervenche
Et, le temps de l'écrire ici, déjà rose, lilas,
Gris de journal dilacéré par les brefs pugilats
Qui près des abattoirs laisseront la lumière
Sans connaissance. (Un rayon sourd filtre sous sa pau-
    pière
Pour atteindre, malgré la nuit dont croît la pesanteur,
Rue Santos-Dumont ce mur pâle et pacificateur
Comme l'oubli quand, s'appuyant sur les taureaux de
    fonte,
La lune entre aux Objets Perdus par la fenêtre, et
    compte.)

VUE DE MONTPARNASSE

Sur le pont des Martyrs qu'un long soleil traverse,
Je me laisse engourdir par le rythme des trains,
Bossa nova du rail épousant la traverse,
Sans arrivée et sans départ. Je ne m'astreins
Qu'à regarder la Tour dont les sombres élytres
Reflètent l'or diffus du déclinant Phénix.
Quel calme. Deux clochards s'en vont avec leurs litres
Vers les gravois de la rue Vercingétorix,
Et le ciel envahi de vagues territoires
Où transhument sans fin des troupeaux, des tribus,
Passe avec la solennité des préhistoires
Sur les bâtiments qui n'en sont qu'à leurs débuts,
Changeant déjà l'espace en zone extra-terrestre
Et du coup — c'est très sûr — l'âme des habitants.
Même le promeneur à l'allure pédestre
Sent poindre aux angles droits d'autres mœurs, d'autres
    temps.
Néandertal avait ce rêve dans les moelles
Quand il faisait jaillir le feu de ses silex.
Je crois — moi qui suis doute et qui roule à solex —
Que de ce vieux tas d'os nous irons aux étoiles.

L'année à la périphérie

JUILLET AU QUAI DE LA GARE

Un peu trop vrai dans les abus d'un couchant vert et
    rose,
Avec ses fenêtres (dix-huit, obscures, sans rideaux)
Où les deux rivages du temps gelé se superposent
Et ces deux ciels que la nuit mange, attachés dos à dos,
L'Hôtel des Deux Ponts n'est peut-être pas qu'une
    hypothèse :
Un chien quand on approche aboie, et la fausse épais-
    seur
Lui fait écho jusqu'à Bercy dont les arbres se taisent,
Chacun masquant au long du quai l'ombre d'un agres-
    seur.
L'Hôtel des Deux Ponts n'a pourtant qu'assez peu
    d'existence,
Car il est rempli des sommeils du cœur inhabité.
Pour y dormir seul il suffit d'avoir payé d'avance
Et franchi l'un des derniers ponts de la fatalité ;
Quand le nom qu'on portait devient un hoquet de l'eau
    noire
Et que sous la corne de lune issant des entrepôts
Les rails qui filent sans bouger à travers la mémoire
N'y jettent plus que des lueurs hostiles de copeaux
Rabotés par le vent qui sait le fin mot de l'histoire.

AOÛT À MALAKOFF

Ciel vert de bidons d'huile et de pompe à essence,
Où l'hôtel du malheur, en carton découpé,
Allume sa première ampoule : un canapé
À fleurs atteint là-haut son point d'incandescence

Puis tremble au roulement ouaté, sur les talus,
Des motrices, cerveaux carrés dans une tête,
Lourds boîtiers entraînés pleins d'épais cumulus
De volts par le moulin de leur musique abstraite.

À la fenêtre, un œil, noir d'un sale roman,
Scrute des deux côtés à la fois du chambranle :
Vers la chambre (on entend la voix triste qui ment)
Et vers des pavillons cyniques qui se branlent

Dans la compote des tilleuls : toile bise et
Rose, et la guêpe, et le cœur de la camomille
Poudreux aux doits — maman chante un air de Bizet —
L'effroi du soir ne peut rien contre la famille.

Et la vie exacte serait dans ces jardins
Tendre. On y soignerait l'oseille, la rhubarbe
Et des traductions de poètes latins
En dépliant le chaste éventail de sa barbe.

La ramure se gonflerait en édredon
Protégeant des influx néfastes de la lune
Qui semble cette nuit bienveillante mais dont
Les pas s'échappent sur l'asphalte qui s'alune.

Ils vont vers le carreau de l'hôtel évanoui
Et qui brille à présent comme une porte ouverte
En plein ciel pour tous les malades du ni oui
Ni non qu'a dévorés cette lumière verte.

SEPTEMBRE À BAGNEUX

Quel *droveg* (car je pense en langues volontiers
Quand je roule, inversant parfois en démoniaque,
Et *trafic* donne aussi *fitrac*), mais des sentiers
Plongent vers une odeur de miel et d'ammoniaque
Entre des jardinets aux pavillons cagneux
Et dont le terreau noir semble imprégné de bile.
Sous la pancarte qui signale enfin Bagneux,
Deux gitans à l'affût dans leur automobile
Ont un air de tigre écoutant les résultats
Des courses. Par-derrière, on discerne un gros tas
De verdure à la fois exubérante et fade.
Bien sûr je vais ramper sous cette palissade,
Tout en sachant à quoi m'en tenir : il y a
La viorne échevelée avec le buddléia
D'où surgit par place un roseau pharaonique
Et, sous ce bas couvert, un creux où la panique
Me guette avec ses yeux blancs comme des boutons
De porte exorbités dans un masque d'étoupe.
Ah et le vieux soulier qui ricane — ici tout
Peut survenir en douce. En hâte remontons
Vers le ciel peint très haut de brebis minuscules
Et posé de travers sur les bois de Clamart.
Dans l'herbe d'un rond-point, je lis pour Gallimard
Des poèmes remplis d'émois, de crépuscules
Où quelquefois ces gais jumeaux, l'Être et l'Étant,

Folâtrent. Les passants qui me dévisagèrent
Ont rejoint la télé tutélaire. On n'entend
Aucun son dans la zone proche, potagère,
À l'écart des moteurs et de leurs queue-leu-leus :
Pommiers aux bras d'aïeule ombrageant des choux
    bleus,
Des dahlias en lourde extase et la cabane,
Au fond, sombre et brûlante : on n'osait respirer ;
Le sanglant Supplément du Journal Illustré —
(« Broyé par un tramway », « Mangé dans la savane »)
Entrouvrait — *les enfants, on ne vous entend plus ?* —
Un rideau noir dans l'innocence du dimanche.
La cabane s'effondre et le cœur se démanche
Alors que de nouveau le poids de l'angélus
Brimbale comme un seau de puits entre les barres
En béton pavoisé du linge des barbares,
Et s'en va titubant, de clocher en clocher,
Par les ponts déserts et les rails du grand triage,
Comme un rêve qui n'a plus de tête à chercher
Appelle obscurément la fin de son voyage.

OCTOBRE À ASNIÈRES

Un ciel d'épais celluloïd et teinté dans la masse,
Au sortir du tunnel se bombe, et d'un coup c'est l'ins-
    tant,
Volumineux poisson biblique et bleu, sa volte-face
Où l'œil exorbité s'englobe avec les tours chantant
A cappella sur les tons sourds qu'établit la Défense
Au-dessus de la harpe encore immobile des ponts.
En bas, le vieux jardin de nos morosités d'enfance
Aligne ses petits pâtés funèbres : *À Pompon,*
À Zoupinet... L'épigraphie ignore la litote ;
Un médaillon immortalise en levrette *Sapho* ;
À deux pas de l'entrée, on voit la tombe d'*Aristote.*
Octobre sur le marbre aiguise un reflet de sa faux
Et dispense un peu d'or à ces lugubres bonbonnières,
Sucre amer d'un cœur de coiffeuse ou de noble autri-
    chien.
La corde en béton musical, de Clichy vers Asnières,
Vibre au ciel pur de tout fantôme et, badaud comme un
    chien,
Je file en amont sur la berge aux odeurs buissonnières.

NOVEMBRE À PANTIN

Il faudrait revenir un dimanche avant l'aube
Au bord de ce désert qui rebuta le Hun,
Quand le soleil surgi de la Marne et de l'Aube
Vient laquer l'avenue où, sur leur trente et un,
Des Africains, rompus à dominer les rages
Qui naissent de l'ennui, vont le long des garages
Voir le vent dénuder l'eau noire par frissons
Et, sous le ciel gorgé comme une jaune éponge,
Sentir les soubresauts de son corps pris en songe
Glisser entre leurs doigts, s'arracher aux tessons,
Fuir sans avoir troublé l'indifférent système
Du jour dont l'astre ainsi qu'un pâle chrysanthème
Penche sur son reflet vers la trêve du soir.
Même l'obscurité des ponts se fait refuge,
Et le beffroi des Grands Moulins est comme un juge
Qui délibère et semble en passe de surseoir.
Cependant la clameur sans arrêt élargie
De la route enjambant le canal et le rail
Délivre en suraigus son trop-plein d'énergie,
Et Romainville veille un caravansérail
D'entrepôts creux où l'on entend battre des portes,
De terrains envahis d'un confus attirail
Et de clartés où se bousculent des cohortes
D'ombres entre des murs tombés des vieux *Charlot*.
La douceur de novembre tremble au bord de l'eau.

NOËL À CRÉTEIL

On voit bien qu'il s'agit d'une fausse colline,
Mais la pointe de toile qui dépasse et qui s'incline
    En haut, suppose un véritable dériveur.
Et l'on ne rêve pas, on est dans un monde rêveur
    Apaisé par le jeu des perpendiculaires.
À peine si l'on se souvient ici de ces colères
    Doctrinales, au fond, que les ZUP et les ZAC
Soulèvent : on s'éloigne au long des rivages du lac
    Où la brume elle-même est étrangement nette,
Comme si l'on venait de choir sur une autre planète
    Ou de franchir d'un bond les murailles du temps.
Il est vrai qu'on rencontre encore assez peu d'habitants,
    Hors ceux qui font virer leurs voitures fantômes,
Et qu'un silence bourdonnant de lourds essaims
    d'atomes
    S'enfle en un bâillement sinistre : c'est Orly,
Désuet à côté de ce futur où s'abolit
    Presque divinement l'impatience humaine.
On baguenaude avec une audace d'énergumène
    Sous le regard de dieux calmes et transparents
Dont les Olympes de béton s'illuminent par rangs
    Inégaux dans le soir aux pâleurs de Suède,
D'outre-monde à demi désert. Et l'on s'en persuade
    En traversant impunément les grands circuits :
De tertre en tertre, des bouleaux, que la gelée a cuits,

Luisent entre les feux au déclic maniaque,
À n'en plus finir répété pour le vent. Il n'y a qu'
   Un refuge de verre en ce désert urbain.
Je m'y lie un instant avec un anxieux rabbin
   Qui s'exposait à prendre un bus de sens inverse :
Le boulevard obscur l'avale au moment où l'averse
   De neige se déchaîne. Elle a soudain jeté
Sous ce pauvre abri le trio de la Nativité
   Surgi d'un Bethléem de la Côte-d'Ivoire.
Comme un berger sur son bâton, je m'absorbe debout
Dans un coin pour ne pas gêner, si l'on donnait à boire
À l'enfant qui dort sous la neige au fond de son boubou.

JANVIER À MONTREUIL

Bien mou, l'air amortit tous ces coups de marteau
Qui peuplent l'univers muet de la bricole :
Le rebut mécanique et l'astuce agricole
S'y combinent et font du farouche plateau
De Montreuil un dernier faubourg de l'Arcadie.
La moindre clôture y protège assez de fil
De fer, de bouts de bois, de volaille engourdie,
Pour que son occupant survive à l'incendie
Plantétaire, à n'importe quel malheur civil.
On dirait que depuis longtemps dans ces parages
Se sont produits de lents insensibles naufrages
Dont la vie a gardé comme une âcre douceur
Et ce rechignement soupçonneux et sagace
Qui, sous tous les rideaux qu'un doigt furtif agace,
Allume un œil toujours vaguement détrousseur.
Auprès de ces colons à demi troglodytes,
Des gitans campent dans les zones interdites
De l'autoroute : on voit pendre leurs caleçons
Le long des barbelés qui bornent une impasse
Et, sur le macadam crevé, la carapace
Des épaves dispense au passant des leçons
De choses sur les fins dernières. Mais l'espace
Éclate sur un fond immuable de bleus
Et de gris, hérissé d'antennes et de triques
Entre lesquelles s'élaborent onduleux

Au vent les purs motifs des câbles électriques.
Et tout (même l'immeuble obtus comme un placard
À l'angle de la rue de la Libre-Pensée)
Apparaît sur le point d'accomplir un écart
À travers le morceau de lumière cassée
Qui brille vertical et qui, s'il s'écroulait,
Ne révélerait pas Les Lilas, Bagnolet,
Mais l'esplanade imaginaire que j'arpente
Ici déjà, poussant ma charrette de mots,
Chineur en proie à l'espérance enveloppante
Qui me tire au sommet d'une nouvelle pente
Vers un ciel céladon comme ceux des chromos.

FÉVRIER À ISSY

Un oiseau fait tsili, tsili — dans l'intervalle,
Vibrent comme un théorbe au fond des vieux jardins
Ces grilles que surmonte un ornement ovale
Visant au ciel chargé de nuageux gradins

La lueur fugitive un moment suspendue :
Elle effleure à présent les plus sombres paliers,
Et les vitres des tours qui masquent l'étendue
En tremblent comme un rang de jeunes peupliers.

Tout près sont les enclos et les maisons petites,
S'observant par-dessus le front hargneux des choux ;
Du crin flasque se mêle aux rêches clématites ;
On sent se caraméliser du caoutchouc.

Et l'oiseau brille aussi doucement qu'une perle
Dans l'herbe folle où nous leurrent comme jadis
Des reflets d'espoir si légers que l'on en perd
Le souffle jusqu'au fond des jardins interdits

Sous l'ovale de fer où va, d'une seconde
À l'autre, basculer derrière ses panneaux
Le faux ciel dont les gris ce soir se dévergondent
En roses sur les toits d'Issy-les-Moulineaux.

MARS À MEUDON

Cette lumière, d'une main distraite, m'escamote
Après chaque virage et puis me restitue, au gré
D'un ciel fou qui rumine et va, comme de motte en
    motte,
Par les coteaux que sans les voir contemple un immigré
Soliloquant au bord de l'eau contre une balustrade.
Le passage étroit se faufile entre un bout d'autostrade
Et ce bras dormant aux chalands en bois peinturluré
Qui pourrissent sous des jardins qu'étouffe la lésine
Anxieuse des pauvres, sûrs qu'un jour tout peut servir.
Et tout a la couleur des jours ouvrables où l'usine
Déverse un bouillon jaune où doit surnager l'elzévir
De KUB dont les gros traits semblent, comme un écha-
    faudage,
Tenir debout l'hôtel qui prend des airs de brigandage,
Avec un seul œil à l'affût dans l'ombre du viaduc.
Ôtés les jardinets à choux montés, c'est Piranèse
Qui m'aspire dans sa chimère aux cinq cents marches, du
Côté des cabanons blottis là comme la punaise
Dans un fouillis de forêt vierge au feuillage caduc
Et dégringolant éperdue en rouleaux de ficelle.
L'encre des cèdres qui remonte au bon Cadet Rousselle
Reste indélébile dans l'air humide où les abois
Des chiens boxent avec une cloche en coton qui danse.
Déjà l'ardoise neuve et la proximité des bois

De Meudon rendent nécessaire un effort de prudence.
Mais l'impalpable giboulée où tout se fond, bientôt
M'aura dissimulé dans les replis de son manteau
Qui flottent sur l'envers du temps dont décroît l'évi-
    dence.
Je peux attendre l'autobus sous ce doux aspergès
De mars. Il pleut. Ou il pleuvait. (*La pluie*, a dit Borgès,
Est quelque chose qui sans doute a lieu dans le passé.)

PÂQUES À VÉLIZY

Eliot a vu juste : en avril la lumière
Est lugubre. Tous ces crocus, tous ces lilas
S'amoncellent en catafalque. Vendémiaire
Rit autrement parmi ses brumeux échalas,
Et novembre a souvent des faveurs d'infirmière.
Mais (faute au receveur qui hurlait « allons-y ! »)
Il est vrai qu'après un trajet privé d'escales,
Je tombe au beau milieu du nouveau Vélizy.
« Prisunic » y célèbre à fond ses lupercales
Et, sur le macadam, je trébuche, saisi
Comme un miraculé, qui s'est fait au sépulcre,
Sent la clarté devant ses yeux caves pâlir.
Au passage on entend « J'ai pris ce petit pull
Crevette, je… » — le vent balaye sans mollir
Les mots et les émois du samedi crapule,
Creux, hanté de grands sacs crevés, et ça bondit
Tout autour par la nécropole automobile
Qui fulgure. Je vais à pied comme un bandit,
Comme ce réprouvé, là-bas, nègre ou kabyle,
Voir, sur Villacoublay qu'un grillage interdit,
L'espace où valdinguait jadis l'aéroplane.
Mais plus rien à présent sur cet horizon plat
Ne bouge. Le soleil lui-même s'est figé
Comme un pieu dans le vide éblouissant du site
Et l'obstiné bourdon des autoroutes. J'ai

Peur de son premier pas demain s'il ressuscite
Du fond de sa splendeur froide comme un congé.

AVRIL À CHARENTON

Un dernier déversoir distrait un peu la Marne.
Elle s'achève là comme en réfléchissant,
À regret, sans troubler l'image d'un trimard
Neurasthénique assis au soleil qui descend

Et s'éparpille en blocs de four métallurgique
Sur l'usine aussi charbonneuse qu'un remords.
Des chalands pavoisés aux tons de la Belgique
Vient un air d'orgue en boîte. Une odeur de bras morts

Flaire dans l'herbe, rôde et flotte sous les lattes
Du tablier où retentissent sans répit
Les convois de wagons vert cinabre, écarlates,
Et le blasphème creux d'un chien qui déguerpit

Vers quel autre os dans la grandeur dominicale
Enveloppant de feu la mégapole. Et on
Voit le bitume se couvrir de chrysocale,
Vite oxydé, pour honorer Napoléon

Qui veille, au carrefour désert, en effigie
Auprès de la carotte au néon d'un Tabac.
Charentonneau s'endort dans sa fade élégie,
Tandis que l'autoroute artérielle bat

Et scande son appel d'ambulance en trochée.
Il va pleuvoir. Le ciel déjà s'est assombri.
Sur le long boulevard surplombant la tranchée
Ferroviaire, un bougnat ménage son abri

Transplanté corps et biens du fond de la Corrèze.
Et l'averse à la fin nous dépasse d'un bond,
Transbahutant des sacs et des sacs de charbon
Vers Paris tout entier rose comme une braise.

MAI À BOULOGNE

Un nuage aussi lourd et lent qu'un dinosaure
Commence à brouter les verdures de Saint-Cloud
Et Sèvres. La Manufacture dans les eaux
Regarde son fronton partir en débâcle ou
Briller de nouveau comme un bout de porcelaine.
Par l'esplanade vide et les souterrains court
En rond sous les géants immeubles une haleine
Composite : forêt et métro. Billancourt,
Dans son île farouche, étire à contre-jour
Des flancs de vieux croiseur promis à la ferraille.
Et voici les petits jardins qui se débraillent
Dans l'isorel avec la fraise et le persil,
Puis l'insulte énorme à Rodin, qui coagule
En furoncle sur la tendre épaule d'Issy.
Léger comme une double et fantasque virgule,
Au ras du fleuve où vibre un rose de Monet,
Virevolte et se multiplie un martinet
Dont le poème d'eau sans hiatus se ponctue
Entre les boucles d'algue et leur deleatur.
Loin en aval, l'ondée, ambulance statue,
Enjambe tous les ponts rimant, vers le futur.

JUIN À FONTENAY-AUX-ROSES

Il m'a semblé que j'avançais comme un nuage,
De colline en colline au ciel lourd de goudrons,
De sentier qu'on néglige (on dit : nous reviendrons
Plus tard, et c'est trop tard) en tour saugrenue age-
Nouillée entre les pois et les rhododendrons

Qui prospèrent avec la rose en ces contrées.
Et je rôde, ce jour obscur de juin, là-haut
Par les crêtes en évitant la villa au
Chien qui surgit des palissades éventrées.
Plus on va loin moins on connaît, selon Lao-

Tseu. Je n'ai pas été bien loin. La connaissance
M'habite donc comme l'ébriété d'un vin
Léger, et je deviens nuages et ravin,
Plaine et colline, ville et garenne, et je sens ce
Monde en métamorphose qui m'avale. En vain

J'ai voulu moduler les vers d'une vague ode
Où ce branle perpétuel se suspendrait
Comme on voit Fontenay, rose sous un cèdre et
Reposer sur ses neuf étages de pagode.
Mais à peine à l'ubac on plonge vers l'adret,

Attirant avec les soudaines échappées
Que l'autobus accroche aux virages. Les gens
N'en réservent pas moins leurs regards affligeants
Des jours de fête à deux suburbaines poupées
Qui pérorent, alors que les sombres argents,

Les ors cuits, le pavé mis en coke tenace
De Paris chamboulé par un marteau-piqueur
Atomique, entre l'os à nu du Sacré-Cœur
Et la stèle de bronze intact de Montparnasse,
Luisent pour la Défense entonnant un grand chœur

Funèbre. Les coteaux, peints à l'encre de Chine
Sous le tableau d'ardoise où de lents cumulus
Effacent à mesure avant qu'on les ait lus
Des signes à la craie, aplatissent l'échine :
Suresnes, Argenteuil, et tous les tumulus

Des forts muets dans leur astrakhan de feuillage
Et les feux roulants des colonnes du grésil.
On s'arrête à *Plateau, Prés Hauts.* Juste après il
Faut descendre pour voir la trace d'un village
Qui s'efface devant un luxueux Brésil.

Ce bitume et ce marbre accusent la chlorose
Pavillonnaire invétérée au creux de son
Extase potagère, entre un ciel de mousson
Et les roses qui sont toutes une autre rose,
Mille flammes au flanc crépu de Robinson.

J'en couronne l'année à la périphérie,
Douze mois qui sur l'axe immuable du temps

Vont reprendre leur course au point même où j'attends
Qu'un autre bus m'emporte à travers la féerie
Orageuse de la saison déjà pourrie

(Mais poètes et jardiniers seront contents.)

Ligne 323

IVRY

L'aimable dame qui me tend son unique baba
Au rhum, et qui ressemble aux souris de boulangerie,
Me dit en rangeant la monnaie : « On en reste baba.
Je m'excuse, Monsieur ; l'existence… Il faut bien qu'on rie
Un peu, que voulez-vous, sinon… » De nouveau dans la
    rue,
J'approuve doublement la boulangère aux gris cheveux
Qui vend peu de babas, d'éclairs rosâtres et baveux,
Dans le bas d'Ivry que submerge une muette crue :
De gravats, de soleil et de verdure se hissant
Pour crouler opulente en haut d'un mur dont on pressent
Assez vite ce qu'il entoure (un peu trop de fleuristes
En face, d'angelots moulés comme dans du saindoux,
Et de tranches de marbre aux galbes futuristes).
Un escalier à becs de gaz en dégringole, d'où
L'on voit en perspective une autre immense nécropole
Entassant les vivants de Vitry jusqu'à Charenton.
Mais voici la rue Antoine-Thomas qui s'interpole
Comme un fragment de bucolique assez sale et carton-
Pâte dans ce fantasme en voie, où qu'on puisse être,
De devenir le dur réel. Ici passent étroits
Nos rêves entre une forêt sans arbres, sans effrois,
Et ces grands bois d'Arcueil, Bagneux et du Kremlin-
    Bicêtre
Qui font une escorte funèbre au bus 323.

LE KREMLIN-BICÊTRE

Assez de cimetières. Las à la fin de marcher,
Comme chacun je chine autour de deux ou trois
   liquettes
Dans les tas du Kremlin-Bicêtre, sur le marché
Où le mulâtre amer et les adorables biquettes
Aux yeux d'ambre, qui vont avec leur clan endimanché,

Pouffent en regardant la vieille essayer une robe
Entre des toiles qui tremblotent. C'est en français
Très pur qu'elles répondent merde, et se font en arabe
Vertement reprendre. La foule empêche tout accès
Hors de ses remous traversés par des lueurs d'Érèbe.

Elle m'emporte sous les flammes roses des tréteaux
Ondulant avec la la la monotone musique
Au vent qui visite en flâneur les cours des hôpitaux
Et fouille dans les branches des jardins en amnésique :
Il cherche, égare et fuit vers les confins occidentaux

Où, de l'Étoile à Courbevoie, alignent leur stature
Les monuments un peu déconcertés sur l'horizon.
De nouveau je marche avec ce soulier qui me triture
Mais satisfait de ma chemise, et la température
Reste délicieusement fraîche pour la saison.

VILLEJUIF

La végétation fait songer à des poux
Pullulant sous les flots de sa forte tignasse.
La contemple une épouse grasse avec l'époux
À son bras, qui s'emmerde, et deux trois Saint-Ignace

De la Zone, au cou mince, au regard dévorant,
S'y faufilent vers leurs exercices mystiques
De ferraille ou de haricots dont tout un rang
Fleurit sous un léger nuage de moustiques.

Au chef-d'œuvre hardi qu'un maçon copia
Sur Venise et Bagneux, d'une égale truelle,
S'accote un cabanon de planches sépia.
Il fait communiquer le fond de la ruelle

Avec un monde obscur derrière des rideaux
Qui bougent, oui, qui vont s'écarter comme l'herbe
Au passage d'un chat rouge dont les gros dos
Et les ronronnements emphatiques ont l'air

Beaucoup trop engageants pour ne pas donner à
Réfléchir. Au-delà d'épouvantails qui jonglent
Avec la pie et l'étourneau, c'est un fol opéra
Canin que l'on déchaîne au bord de cette jungle.

Des palissades en état d'ébriété,
Titubant le long des sentiers dans l'immondice,
Y proclament le droit à la propriété.
Sur des lambeaux de la tunique d'Eurydice,

Renvoyée aux enfers avec ce long appel
Que répercute sur deux tons une ambulance,
L'hôpital aux angles brillants comme un scalpel
Élève sur la steppe un tombeau de silence.

ARCUEIL

Dimanche ténébreux tirant sa pâle joie
D'un rayon, comme un promeneur pousse un caillou
Le long des boulevards dominant Arcueil où
L'on cherche encore, étroite et suave, la voie
Qui prenait jadis entre l'âme et les rosiers,
Comme au passage de la douce incarnadine
S'ouvre là-bas soudain l'immense gabardine
Du malade à qui l'on a dit « si vous osiez… »
Et qui, ravi de honte et d'extase, va tendre
Sa prochaine embuscade au revers d'un talus.
Je voulais voir de près les jambages poilus
Que tracent les piliers du haut pont scolopendre
Sous l'herbe qui se hâte et le soir en souci.
D'en bas on n'entend pas chanter les eaux obscures,
Et des gens, semble-t-il, vivent en épicures
Sous ce long cauchemar. Cependant eux aussi
(D'après leurs volets clos et leur profond silence)
Demeurent malgré l'habitude circonspects.
Un regard Renaissance y dédie à la paix
Son édicule funéraire, et l'indolence
A gagné jusqu'aux Fils de ce Victor Michel
Dont l'usine apparaît doublement occupée,
Et par les syndicats, et par une cépée
Ombrant le pré voisin doux au romanichel.
L'Anis Gras est plus loin, devant l'arrêt Lénine :

On a beau s'attarder, l'air autour ne sent rien,
Et c'est chétif auprès du style assyrien
De la Poste. Le reste a pris de la strychnine
Et crève debout comme un sombre alléluia
Entre l'église en suie et le grand buddléia
Portant le demi-deuil mauve de la mémoire.
On retrouve au rond-point dit de La Vache Noire
L'aqueduc qui poursuit son cours, mais enterré
Sous un galop de potagers et de prairie.
(Quand toute source en moi sera presque tarie,
Je reviendrai peut-être ici, puis m'en irai
Léger dans le ciel bas, telle une allégorie.)

CACHAN

Des glaçons tintent dans la lune et troublent son
    absinthe
À mesure qu'elle s'élève entre les hauts piliers.
Cachan s'y trouve séparé d'Arcueil par une enceinte
En fils de fer pareils à ceux qui freinent les halliers
Dévalant à pic le coteau dans un flot de jacinthe

Entre les toits qu'un bleu glacé de laque irréelle oint.
Mais on arrive à découvrir toujours une coulée
Et par entrer dans la commune où la Vanne et le Loing
Surplombent de leur eau captive un bout de la vallée
Qui fut la Bièvre nourrissant d'énormes choux. Au loin,

Le couchant fracassé sur les tours comme une bonbonne
S'éponge dans un mâchefer qui pourrait être Sceaux.
Sourd, à flanc de coteau, sous l'autoroute qui bourdonne,
Le sentier des Garennes monte avec des soubresauts
De mastiffs, explorer la zone ultime où se cramponne

L'âpre humanisme du lopin et de l'individu.
On rencontre des gens d'un âge incertain qui ratissent
L'or de l'heure entre chien et loup et, d'un air entendu,
Suspectent les raisons qu'on a d'admirer leur bâtisse
Et leur art civilisateur tirant le résidu

Vers les complexités de forme et d'âme du baroque,
Mais avec l'instinctif repli sur soi de l'animal.
En plongeant au hasard dans l'une ou dans l'autre
    baraque,
L'œil découvre l'encombrement d'un sens rhumatismal
De l'existence, et les jardins donnent la réciproque :

Ils rusent contre les détours pervers du lotisseur
Et le pourcentage souvent rebutant de la pente.
La nuit y grimpe avec une hâte d'envahisseur,
Amenant entre chaque lampe et la lune rampante
Une connivence d'où sourd une hâve douceur.

La vie est là dans les buissons et les chambres terrée
Sous le même silence à faire éclater les tympans.
On sent le vieux désir qui bout avec la chicorée
Du soir. Derrière les rideaux surgit l'ombre en suspens
D'un geste que prolonge une brutale échauffourée

D'oiseaux dans l'épaisseur d'un cèdre. Et la lune, à
    tâtons,
Redescend un sentier jusqu'à la Fontaine-Couverte
En heurtant les carreaux éteints du bout de son bâton.
En bas l'obscurité bâtit sa résidence ouverte
Au vide sous les arches par d'implacables battants.

GENTILLY

L'espace de nouveau pris d'une défaillance
Titube au carrefour dit des Quatre-Chemins
Et se brise en éclats de verre et de faïence
Contre un mur où j'avance à l'ombre des moulins

Vers des lointains d'étangs et de forêts. L'église
A perdu son clocher mais la crête du coq
Tricolore surgit entre un cou de marquise
Et le mufle d'un cerf : fait de bric et de broc,

Sautant d'herbe en proverbe et d'œuf en mausolée,
De cascade en calèche et de pampre en sapin,
C'est un autre panorama de la vallée
Que l'artiste casseur d'assiettes a peint.

Et je rôde ce soir à l'orée indécise
Où se rencontrent l'univers et son rébus.
Lequel méduse l'autre, et lequel s'exorcise,
Tandis que je vais d'abribus en abribus

Sur la crête qui dominait jadis la Bièvre
Enterrée entre les dalles des H.L.M. ?
— Soleils en plâtre et fils de fer, et dont l'orfèvre
Couronne sa marotte active du totem ;

Lourds redans envahis de sureaux qui blanchissent
Comme la fleur fantomatique des canons ;
Derniers vergers un peu déments où s'avachissent
Dans l'ordure et les fleurs les toits des cabanons ;

Tours qui tiennent au nord en étrange équilibre
Avec les bois massés au-delà de Cachan :
Rien ne me distrait plus du sort de cette eau libre
Qu'on a salie et qui sanglote en se cachant.

MALAKOFF

Entre les paulownias du Rond-Point Gagarine,
La lune, ayant fendu sa bogue de marron,
Monte avec une effervescence d'aspirine.
Puis sa perle parfaite éclate et se corrompt
En tombant au Café Cosmos par la vitrine.
Nimbe, astre analgésique, apaise à son insu
L'hôte désemparé de ces soirs de dimanche,
Qui sent s'amonceler des fureurs de Comanche
Dans son cœur qu'un football insipide a déçu.
Toi qui rôdes avec le couteau sous la manche,
Guide encore mes pas en bas des longs remblais,
Entre les garde-fous rouillés des passerelles,
Sur l'asphalte aux lueurs de cous de tourterelles
Gris et mauves, par ces jardins que tu semblais
Jadis m'offrir avec leurs mémoires. Pour elles,
J'ai peut-être égaré la mienne entre Antony
Et Vanves, quand je te suivais, guettant le moindre
Signe enfoui dans ce chaos mais prêt à poindre :
Une chaise de fer sur le gravier jauni,
L'éclat bleu d'un vitrail, au fond, qui va rejoindre
Et surprendre dans un miroir, inachevé,
Un geste qu'il fallait, et seul, que j'accomplisse.
Mais entre les portants du décor mal rêvé
Tu te dissimulais, déloyale complice,
Avec ton bol d'hyposulfite aérien,

Pour fixer et produire au jour, où tu n'es rien,
Le pâle instantané d'une face au calice.

MONTROUGE

Montrouge au centre n'est qu'un morne repoussoir
Et l'on cherche aussitôt le charme des lisières.
Mais on pourrait aller du matin jusqu'au soir
Sans trouver mieux que le rempart des cimetières
Et deux ou trois jardins qui végètent, rogneux :
Dès que l'on sent dans l'air quelque chose qui bouge,
On s'aperçoit bientôt qu'on n'est plus à Montrouge
Mais soit à Malakoff, soit au nord de Bagneux,
Ou dans Arcueil dont la partie occidentale
S'ouvre là par un long corridor où détale
Déjà sous l'ombre le jeune automne aux pieds d'or.
En deçà, de quelque façon qu'on s'ingénie
À la surprendre, on voit que Montrouge ne dort
Même pas : elle vit la paisible insomnie
D'une âme incapable de rêve et qui s'en fout,
Sa fantaisie ayant plusieurs terrains de foot
Pour s'ébattre, et sa part un peu métaphysique,
Une église vouée aux forces du néant,
Ou l'aplati faubourg dont la hargne intoxique
L'espace ouvert devant la Porte d'Orléans.

CHÂTILLON

Tu vois, rien n'a changé : les toits en dents de scie ;
Le bâtiment d'honneur où le mot Arsenal
Était lisible encore au soleil hivernal
Sur les jardins heureux de leur catalepsie ;

L'homme en bleus qui franchit la cour, d'un atelier
À l'autre, assis dans sa brouette élévatoire ;
Les grands bureaux d'étude et le laboratoire
Brillant en bloc de ce vert inhospitalier

Qui se mêlait au bleu du jour dans la rotonde
Ouverte avec une insistance de regard
Entre l'arête éblouissante du hangar
Et l'horizon fumeux, comme au centre du monde.

Tu vois, c'est de là-haut qu'alors tu t'échappais
En esprit des nomenclatures indigentes
Par le chemin secret des faibles (la tangente)
Vers l'espace, l'amour, les livres et la paix.

Cependant quel métier bizarre, l'industrie :
Inventaires, contrôle — après cinq ou six lots,
J'appris à deviner l'âme des oscillos
Et je régnai sur une indolente Neustrie

D'épaves qui, prenant au fond des magasins
Glacés malgré des feux toxiques de benzine,
S'enfouissait dans l'herbe à l'écart de l'usine
Et se perdait dans les terrains vagues voisins.

De sorte que souvent la pente de l'ouvrage
M'entraînait vers l'arrêt d'un bus ou Chez Roger,
Troquet méditatif qui n'a guère changé —
Le poème est un art que rien ne décourage.

SÈVRES

J'oubliais que la graminée incomestible
Mûrit en même temps que l'avoine et le blé.
Car les trains qu'alimente un abstrait combustible
Circulent désormais sans feu pour dépeupler

Ces cantons onduleux d'or à demi sauvages
Qui ne se penchent pas sous le faix des épis
Et ne sont moissonnés qu'au hasard des orages.
Des mauves d'ecchymose ont l'air d'être tapis

Déjà dans les ombres que bougent les broussailles
Où l'héraclitéen soleil monte d'un pied
Furibond vers la voie et plonge sur Versailles
Dans un bruissement de fer et de papier.

Salut, talus, Thébaïde pour une urbaine
Extase et flancs sans loi de notre Sinaï ;
Entablements levant un ciel d'ocre et d'ébène
Et, parmi les poteaux rigides, l'ébahi

Coquelicot en proie à sa flamme qui pèse
Tout l'espace : les bois aux énormes sourcils
Froncés sur la vallée où la ville s'apaise
Entre les monuments qui demeurent assis,

Tandis que l'orage en suspens, du même geste,
Pose sa lampe au fond des jardins ocellés
Et fait jaillir de son manteau cette main preste
Et livide à nouveau jetant les osselets.

CLAMART

On s'élève assez vite, avec un tour équestre
Aux virages où la croupe de l'autobus
Vide valdingue et se déhanche rasibus
Entre les jardinets exaltés par l'orchestre
Ardent du contre-jour dont ronflent les tubas :
C'est la Défense, au fond, qui plante ses grands baffles.
À travers les vergers, le vent, du haut en bas,
Guidé par une pie exécute des rafles,
Et le carrosse noir de l'orage descend
Par le retentissant pavé d'or de l'espace.
Au sommet du chemin qui roule efflorescent
Sous les murs de l'orphelinat, passent, repassent
Des formes dans les bois au souffle caverneux.
Là, parmi la ferraille amère et les vieux pneus,
Les sucres de l'été s'exhalent par bouffées
Avec les jappements et les voix étouffées
Des familles s'invectivant dans un layon.
Du rond-point qui frémit de tenir en balance
La mousse amoncelée au flanc de Châtillon,
On s'infiltre dans la sournoise somnolence
Des villas aux volets mi-clos sous des lauriers
Et des nymphes en stuc dont le rire déprime
Sur la façade aveugle où — lorsque vous l'auriez
Commis — ne poindrait mieux la hantise d'un crime.
L'appentis qui sans doute en reste un peu timbré,

Et s'en va de travers sous la pancarte À VENDRE,
Bégaye encore au bord de ce long petit pré
Où le soir ébloui marche dans l'herbe tendre.

VANVES

Je te revois, vieille espérance, qui surnages,
Rose, le samedi déjà presque achevé,
Sur la foule retour de quelque B.H.V.,
Autour de l'ancien métro Petits-Ménages.

Tu te retires vers le Mont Valérien,
Comme autrefois quand on séchait le réfectoire
Pour relire ces vers qui ne nous valaient rien
Et qui cherchaient le sens et la fin de l'histoire

Où me voici, toujours entre l'ombre des mots
Et les jardins que la télé désormais vide
À l'heure où chaque rue offre au marcheur avide
D'aller seul, un désert que hantent ses jumeaux.

Car je ne vous crains pas, fantômes, au contraire.
À mesure les ans ne m'auront dédoublé
Que pour m'alléger davantage, me distraire
Du souci d'être l'un ou l'autre. Il m'a semblé

Vous surprendre au hasard de ce long soliloque
Où je m'entends parfois causer avec l'oubli,
Cependant que mon œil à présent affaibli
Fait d'un vase une tête, un rôdeur d'une loque

Et me confond avec le rose essentiel
Du soir qui refleurit aux vitres du lycée,
Comme si tant d'ardeur obscure dépensée
En vain, se rassemblait pour éclairer le ciel.

TERMINUS

Quelqu'un s'est levé sournoisement dans la lumière
Soudain plus foncée et les branches ne bougent pas
Bien que d'un seul coup l'étendue ait rouvert ses portes
Et que par chacune ait surgi la face du vent.
Mais au front du soir se balancent de lourdes roses
D'automne brûlant dans la pénombre des jardins.

Car dans leurs sentiers en dédales tous ces jardins
N'auront accueilli que pour l'égarer la lumière
Qui trébuche aveugle entre les feux sombres des roses.
On la toucherait : indécise elle ne fuit pas
Mais n'avance plus, sous un mur de lierre où le vent
Se confond avec les voix qui s'échappent des portes.

Elle n'ose pas, comme le vent, heurter aux portes
Ni s'ouvrir de force un passage par les jardins
Et l'obscurité bientôt l'aura prise. Le vent
Commence à flairer sa joue et son cou. La lumière
En tremble et voudrait s'évader, mais ne le peut pas,
Des cercles ardents qu'autour d'elle ferment les roses

Qui de toutes parts, jaunes, rouges, blanches ou roses
Penchent sur des toits, des fossés, des grilles, des portes,
Des fenêtres dont la clarté ne redoute pas
D'assister dans l'ombre où s'engloutissent les jardins

Aux derniers sursauts inutiles de la lumière
Maintenant livrée à la main brutale du vent.

Puis sur les maisons qui vont disparaître, le vent
Bouscule au hasard des massifs de nuit dont les roses
Laissent sur son front d'infimes gouttes de lumière.
Il se rue et veut arracher toujours d'autres portes
Qui battent sans bruit. La nuit, les maisons, les jardins
Ne font plus qu'un seul tourbillon de silence. Et pas

La moindre lueur où s'allumaient des roses, pas
Une lampe au fond des massifs brassés par le vent.
À jamais peut-être on se perdra dans les jardins,
Sans fin poursuivant les flammes éteintes des roses,
Passant au travers de faux buissons, de fausses portes
Pour trouver encore une trace de la lumière.

N'abandonnez pas le passant au dédale, roses
D'octobre, au vent noir qui vous foule devant les portes
Et dans les jardins répand vos graines de lumière.

Eaux et forêts

SCEAUX

Je prends un petit personnage entre deux doigts
Et le repose un peu plus loin sur la pelouse.
Il y recommence à courir. Ils étaient trois ;
En voilà cinq, en voilà neuf, en voilà douze,
Il en sort de partout aux lisières des bois :

Des bleus, des blancs, des verts d'un autre vert, des
    jaunes,
Un rouge qui doit être à mon sens féminin
Et qui va disparaître, insoucieux des faunes,
Dans les fourrés. Un ciel dément à la Bernin
Se convulse dans des volutes, des cyclones,

S'arrache l'astre comme un casque de nickel,
Casse des traits cuivrés sur des chiens qui gambadent
Et font leur loi cynique. On ne sait pas lequel
Fuir, et l'on va de dérobade en dérobade,
De danois débonnaire en féroce teckel,

Vers le canal et ses peupliers d'Italie
Dont le vent fait ronfler et tordre les fuseaux.
L'allégresse, la peur et la mélancolie
S'évaporent à la surface de ces eaux :
L'âme, à l'exemple des pêcheurs, y concilie

Son néant et sa plénitude. Le bassin
Octogonal, ouvert sous une rampe aztèque
Et sous l'octuple autel de la cascade, est ceint
Du silence feuillu d'une bibliothèque
Où rôderait le souvenir d'un assassin.

On n'ose interroger l'une ou l'autre statue
Mutilée, ou les cerfs (ni la biche et le faon)
À peine réchappés d'une rude battue,
Car leur bronze aux naseaux qui palpitent se fend
Comme devant une abondance de laitue.

Malgré tous ces coureurs, au bout des promenoirs
Sylvestres, secouant en rythme leur gelée
Sous le bariolage aigu de leurs peignoirs ;
Malgré cet or soudain du pinceau de Gellée,
Le ciel, les eaux, les bois et tous les fonds sont noirs.

VERRIÈRES-LE-BUISSON

Un cuivre vénéneux d'orage élève son
Gong ondulant et mou sur le bois de Verrières.
Pris entre la chaussée, où hurle l'unisson
Des moteurs, et ce poids grondant sur mes arrières,
Pauvre brindille au bord du ruisseau des Buats
Qui sur la flûte en ciment brut de sa tranchée
Sifflote, je vacille et je contribue à
L'épouvante de cette plainte effilochée
En tapis de savane et verts salons moussus
Où luisent doucement les ampoules des poires.
Les faux toits paysans qui penchent par-dessus
Démasquent à la fin l'affiche aux attrapoires,
Aguichant l'amateur d'espace massacré :
VIVEZ ICI DANS UN VILLAGE VÉRITABLE.
En face, sur l'autel d'un boqueteau sacré,
L'autoroute arrondit plein cintre son retable
De ronflements. J'aime ce bois au sort amer :
Il se tient droit devant la menace et l'outrage
Et tisse entre ses pins un murmure de mer
Où fondent les jurons caverneux de l'orage.
Mais la divinité qui l'habite me hait,
Comme elle hait tous les mortels qu'on motorise.
Je m'attends donc au pire, immobile, muet,
Entre ce sanctuaire où rien ne m'autorise
À demander asile, et l'affreux rodéo

Qui m'interdit le moindre écart, la moindre halte,
Et m'inspire à la fois le blasphème et Deo
Gratias au moment de plonger sur l'asphalte
Vers les vergers défunts qu'habillent des linceuls
De clématite. Seul. Comme un jour seront seuls
Et réprouvés ceux que la solitude exalte.
Ont déjà disparu ces bâtards claudicants
Dont le passage ensemble indispose et rassure.
Mais d'un trou dans la haie on voit une enfonçure
Où ronchonne le feu des derniers Mohicans.

BIÈVRES

Les gens qui prennent au comptoir du sylvaner
Se poussent de mauvaise grâce avec un air
Xénophobe et jouant prélude à la castagne.
On dirait un canton farouche de montagne
Qui résiste sous la couronne de ses bois
En poil roux hérissés de pylônes. Je bois
Aussi modestement que possible mon crème.
Il monte cependant une douceur extrême
Du marché qui semble perdu sur ces confins
Avec sa lingerie et ses fromages fins
Tombés d'on ne sait quelle étrange caravane.
Tout au fond la Zone insolente se pavane
Dans son rafistolage entre deux bras du ru
Baignant impartiaux le gazon neuf et cru
De villas où s'étouffe un bridge hebdomadaire.
Des petits ponts à balustrade confédèrent
Ces univers de la tondeuse et du clapier
Qui s'entendent dans les taillis pour vous épier
Et vous prendre en flagrant délit de vol de briques,
Voire au printemps dans des égarements lubriques
Inspirés par la solitude au cœur de loup.
Plus loin, sous l'autoroute aux courbes algébriques,
Un long pavillon bas évoquant Lamalou-
Les-Bains s'étire auprès d'une eau couleur de fièvre
Où barbote un chien brocanteur à l'œil retors.

Nul ne sait plus dans quel pays luisent la Bièvre
Et le pelage fabuleux de ses castors.

VERSAILLES

La terre est plate et ne met pas de bornes à la gloire.
Au soir, Dieu lève et fait tourner ses rayons verticaux,
Mais l'absolu horizontal étend son territoire
Depuis l'orgue des escaliers clamant du bleu, jusqu'aux
Scintillements de fer épars au fond du marécage
Où, comme un indiscontinu tonnerre de wagons,
Le silence de bois et d'eaux aggrave le saccage
Au bas du ciel qui de nouveau bascule sur ses gonds.
Longue, la lame du canal qui plonge et s'ensanglante,
N'arrache que des cris de poule inquiète au couchant :
Rien n'a jamais eu lieu ; l'ordre règne ; la violente
Volonté, renfrognée en emblèmes s'empanachant
De nuit, toise la majesté de sa dernière fête :
Du vent, Vénus qui balbutie en bouche de prophète
Sur l'ombre mince que projette un unique passant.

LA SEINE ET L'OISE

Au bout de la tranchée où la gare se niche,
Augmente la lueur pâle du confluent.
Et le halètement d'une seule péniche
Continue à scander l'ode que j'ai lue en

Passant sous les coteaux d'Argenteuil et La Frette,
Debout dans un wagon déjà tout engourdi
Par la chaleur. En haut des marches je m'arrête,
Assommé par le poing triomphant de midi,

Devant un paysage à mon goût : des citernes,
Des ponts dans tous les sens (dont un presque chinois),
Des hangars, des forêts, des villas subalternes
Où le doberman suit la haie en tapinois.

Le bois descend à pic sur l'or de la rivière
Dont Rimbaud méditait de suer la liqueur.
Vers l'amont et l'aval le trafic ferroviaire
Est intense. Le rouge aigu d'un remorqueur

Au radoub vrille à fond l'étincelant blindage
Céleste qui se bombe au-dessus de l'Hautil.
L'autre versant — Achère et ses champs d'épandage —
Se résorbe comme un élixir volatil.

Je trouve en bas l'ombre d'un saule qui s'éplore
Exactement où se confondent les deux eaux :
C'est bien leur chère odeur fade où viennent éclore
Des bulles de ce vert qui stagne dans mes os

Et remonte comme un hoquet de préhistoire,
Un relent de savoir obscur qui fait dormir.
Je m'abandonne à cet asile transitoire,
Enturbanné dans l'herbe ainsi qu'un vieux kroumir

Pour adoucir les feux du fleuve qui miroite
Et l'effet des remous troubles de mon passé.
Je ne veux que laisser oisivement glisser
La Seine à gauche et l'Oise à loisir à ma droite.

VERS BEZONS

Ah, les pas dans les Pas Perdus à Saint-Lazare :
Puis Colombes ; le petit bois plein de douceur
Devant la centrale thermique ; l'air bizarre
De ces gamines aux frimousses de boxeur,
Et le nomadisme incessant d'Abyssinie
Qu'entraîne l'industrie entre Gennevilliers
Et Nanterre à travers la sauvage harmonie
Des taudis et des lubérons immobiliers…
Mais dans ses cours où point la verdure lascive
Qui se débraille avec des linges et des seaux,
Le vieil Argenteuil garde une odeur de lessive
Et le brouillard l'exalte. Au-dessus des monceaux
De gravats se roidit l'incorruptible ortie,
Près de volets repeints à la diable. Sait-on
Quelle avide espérance est encore blottie
Dans ces coins de misère à goût de mironton
Où, fugace, un reflet verlainien d'étable,
Ou peut-être un éclat de l'œil de Pissarro,
Rend le bistro d'en face un moment habitable
Sous des regards pareils aux fruits noirs du sureau ?
Maintenant la clarté vacille et s'emmitoufle,
Tel le moulin sur la colline de Sannois.
On sent glisser la vie ainsi qu'une pantoufle
Au fond de corridors qui s'éclairent sournois ;
Le chagrin, la rancœur, la honte y polémiquent.

Loin au bout de la rue de Carême Prenant,
Passe à nouveau comme un navire la Thermique,
Et le quai tour à tour désert et trépanant
S'élance sous les ponts vers une vague ébauche
D'autres ponts sur le fleuve et de chantiers sans voix
Dont les portails bouclés répètent : PAS D'EMBAUCHE.
Dans le brouillard où s'engloutit la rive gauche,
Un tout petit manège et ses chevaux de bois
Brillent.

VERS LE NORD

De gare en gare un jour d'automne doux et coi
Sous un ciel croulant d'or et d'orageuses grappes,
Je monte vers le nord à petites étapes,
Toujours indifférent aux comment et pourquoi,
Comme un faux vagabond qui râle, qui mendie
L'obole d'un instant d'oubli près des jardins,
Thésaurisant chacun de mes pas anodins
Au profit de l'insatiable prosodie.
Mais qu'y a-t-il de neuf au nord, qui — maintenant
Que plus rien dans le vers étroit ne me console —
Telle l'aiguille en désarroi dans la boussole
M'attire à petits coups vers un pôle imminent ?
Voici la Basilique, ensuite l'Hippodrome,
Le Lac qui vaut en pittoresque un plat d'étain,
Eaubonne, et l'or de Montmorency qui déteint
Jusque dans un canal de vase monochrome.
On dirait que le temps y reste suspendu
Aux gaules des pêcheurs égrenés sur la berge.
Vers leurs bouchons passifs mais colorés convergent,
Entre des peupliers, les mornes lignes du
Paysage offusqué de villas imbéciles.
Ah ce n'était pas ça vraiment, ce n'était pas
Ça ; ni Saint-Leu, village hypocrite où mes pas
Profanent un par un la paix des domiciles
Établie entre les miroirs du comblanchien

Funéraire et l'émail dont la figure CHIEN
MÉCHANT me semble un euphémisme. La vallée,
Par-delà Taverny scintille, auréolée
De nuages où fond un glaçon de soleil.
Et l'averse, avatar céleste du sommeil,
M'entraîne vers le nord par les collines jaunes
Dans le songe ambulant des immenses pylônes
Où la foudre chantonne et tue en un clin d'œil.

L'OURCQ

Sous un frémissement d'innombrables paupières
Qui se propage à la pointe des peupliers,
C'est en août à midi l'œil trouble des tourbières
Automnales qui luit en feux multipliés
Par le courant des eaux légères et rieuses.

Peu de bourgades semblent moins mystérieuses
Que La Ferté-Milon où Racine naquit,
Malgré le château fort d'épais bitume qui
L'écrase au bord de ce canal au flot rapide
Fertilisant le terreau noir des potagers
Dont les choux violets et les pois sont rangés
Comme les vers d'un vieux doux poème insipide.

Voici donc l'onde même où nous nous contemplons
Dans un mélange de carbures et de plombs
Du haut des rialtos d'accordéon musette
Unissant les quais de Jemmapes et Valmy ;
Celle qui, paressant dans le chaume endormi,
A reflété le cuivre aigu de la trompette
Quand — fait d'armes resté désormais sans second —
On vit en mil neuf cent quatorze le dragon,
Engoncé dans le drap garance et la basane,
De sa lance clouer au sol l'aéroplane.

Et de nouveau septembre empoigne aux deux battants
Son portail de lumière et délivre le temps
Qui s'était engourdi dans sa chaude écurie.
Entre les peupliers, brillez encore, lourds
Casques roulés sanglants aux rivages de l'Ourcq,
Emportant sous le flot disert et qui varie
La gloire et l'avenir de la cavalerie.

LA MARNE À CHELLES

L'avenue et son café-bar ont préservé
Le souvenir des rois cruels de la Neustrie,
Et je vois Brunehaut en sang sur le pavé
Comme, au couchant que des barreaux lumineux strient,

Ces échevèlements de nuages. Les trains
Glissent par les épis des écheveaux de Vaires
Et font ruer les ponts, hennir les souterrains.
Mais au-delà, leurs fûts aux ogives sévères

Ouvrant un éventail de nefs, les peupliers
Écoutent les chuchotements de la rivière :
Le remous y soulève un flot de boucliers
Et de flancs labourés comme par l'étrivière

Du courant qui galope au régime hivernal.
Je m'effare toujours que l'eau coule, incessante,
Et l'immobilité sans trêve d'un canal
M'apaise. Je reviens. J'entreprends la descente

Au chemin de halage et, vers l'est alangui
Dans le brouillard où vogue une lourde fumée,
J'avance sous les yeux de ces boules de gui
Reflétant la stupeur d'une lune enrhumée

Qui monte sur le bois Notre-Dame. J'atteins
Un autre pont : retour aux épaisses muqueuses
D'une berge qui broute ; aux rayons clandestins
De Gournay veule au bord des vagues belliqueuses.

Et de nouveau ce pont, à droite, et l'on pourrait
Circuler indéfiniment de l'eau dormante
Du canal, à la Marne en rage qui s'abstrait,
Pâle sous les bouillons sombres qu'elle tourmente.

Puis l'horizon prend feu comme sur un déclic,
Mais déjà la nuit grimpe à légères échelles :
C'est le rouge barbare où, dans les bois de Chelles,
S'éteignit le dernier regard de Chilpéric.

L'YERRES

Impossible de boire au bar Anacréon
Qui ferme le dimanche, en face de la gare,
Cet indispensable café. Mauvais augure,
Alors que la nappe laiteuse et nacrée en
Contrebas s'épaissit. D'un pas funambulesque
En regard des blockhaus qui la bordent, je prends
(Vers la Pyramide qui n'est qu'un obélisque)
L'avenue accablée où se défoncent, prompts
À l'insulte, les possesseurs de cylindrées
Modestes. Je promets à mes hypocondries
Un peu d'apaisement dans les bois de Sénart,
Où la rouille uniforme enfin libère un or
D'érable étourdissant dont la beauté divorce
D'avec le teint blafard du grouillant promeneur
Dominical. Et je repars en sens inverse,
Après arrêt technique au Tabac du rond-point,
Lesté dans chaque fibre et laissant à mon poids
Le soin de retrouver la pente de silence
Qui mène à la source invisible des brouillards.
Tout est plat, tout est clos sur le lugubre ailleurs
Du confort, mais tout guette et se raidit si l'on s'
Arrête de marcher. Ô chiens, où sont vos gens,
Où sont leurs boulangers, leurs banques, leurs églises?
Puis l'avenue oblique, et le Chemin des Glaises
Plonge escorté d'abois dans les fonds nuageux.

Là, tendant nonchalante au fourré symétrique
Un miroir constellé des gondoles en feu
De novembre, l'eau glisse et sinue et se fend
Sur les îles où penche un kiosque patraque.
Elle s'en va comme une phrase de Rousseau,
Mais bientôt défendue au rêveur solitaire
Qui s'accoude au milieu du petit pont bossu,
Par les grilles d'une abusive horticulture.
Le soir, contre la vitre obscure du wagon,
J'ai revu sa lueur confuse divaguant
Comme une lampe en désarroi sous la buée
Entre Super Mammouth et la douce abbaye.

L'ORGE ET L'YVETTE

Descendant vers le Sud Profond sous un ciel assoupi,
    Je rêve d'eaux encore libres qui jubilent,
Et vois la Seine s'évaser comme un Mississippi
    Devant un omnibus Baton Rouge — Mobile

Qui m'emporte parmi des mulâtres couleur de l'eau
    Limoneuse, couleur des labours taciturnes
Dont la main brune çà et là jette dans un halo
    Doré de peupliers un vol d'ailes nocturnes.

Des chocs sourds, des appels poignants ici dispersent leurs
    Éclats dans l'air atone où, sur une herbe rase
Aux traits blancs, se résout une algèbre de footballeurs
    Jaunes et bleus : certains dansent, d'autres s'écrasent,

Tous confondus par une glaise aux vertus de ciment
    Et dans les formes idéales que structure
La balle aléatoire en ses courbes. Finalement,
    Les jaunes sont battus — mais à plate couture —

Et cent pas au-delà je trouve un terrain de rugby
    Boueux qui va changer en vivantes statues
Trente forts sacs de muscles, l'un après l'autre estourbi
    Au sortir de leur amalgame de tortues.

Quelques voix pathétiquement faibles *(vas-y papa!)*
    Entre l'herbe et le ciel que les mêmes eaux gorgent,
Flottent, alors qu'au fond des prés nul ne participe à
    La course solitaire, indolente de l'Orge.

Et je m'éloigne non moins seul par un sentier gluant
    Vers les clos potagers qui bordent la cuvette,
Fidèle à mon projet de rendre hommage au confluent
    Où ce flot mou reçoit l'impatiente Yvette.

Mais l'époque, défavorable à toute piété,
    Accumule si bien obstacle sur embûche
Que je n'y parviendrai jamais à moins d'empiéter
    Sur la route assassine. Et d'un pied qui trébuche,

Je remonte à regret la berge abrupte. Un long détour,
    Par le plateau dont le cercle de bois féroces
Recule et va s'éclaircissant de faux village en tour,
    Me ramène à ces eaux que l'automne fait rousses.

Je leur donne un rameau du bouquet déjà défleuri
    Que j'ai cueilli là-haut sous les nuages fauves
    Dans un buisson d'asters dont les flammèches mauves
Semblaient jaillir du ténébreux donjon de Montlhéry.

AU RU DE L'ÉCOUTE-S'IL-PLEUT

Certainement le temps est ce fleuve qu'on a décrit,
Et qui roule empêchant un plus grand désordre. Le cri
Tranchant des mouettes sur la Seine, où le jour déménage
D'un pont vers l'autre, a fait tourner l'inflexible engre-
    nage
Avec les rails, les feux automatiques, les flippers
Gigantesques des tours qui clignotent et les trompeurs
Épanchements dorés d'un soir éternel dans le bronze
De la forêt qui va s'assombrissant d'arbre en arbre.

                                                    Onze
Chardons, le cœur entre parenthèses contre le ciel
Qui s'y déchire, brusquement montent. Un torrentiel
Flot de lilas submerge le sommet de la prairie
Et reflue, et revient, et meurt, laissant endolorie
La pâle tempe du couchant que hérissent des pieux.
Voilà. C'est le bout du chemin, l'endroit modeste et
    pieux
Où l'ombre qui se dérobait dans chaque paysage
S'éveille, et, d'entre les rameaux délivrant son visage,
Écoute,

        (écoute comment les rus de Gally, des Hauldres, du
            Cornillot,
du Rossignol, du Merdereau, des Cercaux, de Chantereine,
des Champs, de Montubois, de Liesse et de Pontcelle;
comment l'Oisemont, le Rhodon, la Boële, la Mérantaise,

la Salmouille, le Petit Muce, le Rosne, le Rouillon,
le Reveillon, le Morbras, la Gondoire, la Barbançonne,
la Beuvronne, la Biberonne, le Sausset, la Viosne et le Crould
versent aux flancs du vaste bassin leur offrande perpétuelle,
comme l'eau petite, chèvre et bergère, qui dans le creux de
     ce creux
bondit sur sa pente légère au fort bras de la Seine
et répète en riant à mi-voix sous la pluie : écoute, écoute s'il
     pleut,
écoute).

      Et le monde est en ordre en dépit des rumeurs,
Des chiens en différend dans l'étendue, et du « je meurs
Encore » murmuré par le passant qui s'écarquille
Entre les barreaux lumineux fermant le soupirail
Du soir, tel le soleil qui roule au fond de quille en quille
Et s'ouvre en deux sur l'horizon comme un vrai samou-
     raï.

EXODE

Itteville

La maison du garde-barrière est à vendre. Un chemin
Noir et tordu s'enfonce entre la voie et des bâtisses
À l'abandon, masquant les caravanes subreptices
Qui guettent le passage improbable d'un être humain.

Et l'hiver ouvre sa maison vide qui s'empoussière
Dans les angles, sur la lueur des vitrages du fond
Et des étangs où se reflète un nuageux plafond
Neigeant dans les replis des champs — leur étoffe gros-
    sière

Se fait à l'horizon vaporeuse, part en lambeaux
Sous les arbres tendus jusqu'à la plus fine ramille.
Comme un buffet d'orgue se dresse un bois roide où
    fourmillent
Les notes d'une passacaille intense de corbeaux.

Et comme il déambule encore au bout des marécages
Et des forêts, on ne sait pas si l'espace a compris
Qu'on l'a mis en vente à son tour à n'importe quel prix,
Contre quelques échantillons préservés dans des cages

Où l'on exhibera ses dépouilles de souverain.
Déjà les dernières couleurs s'exilent ou frissonnent
Autour des feux glacés que reflètent avec l'Essonne
Et la Juine les yeux des tigres de Saint-Vrain.

*

Palaiseau

Non l'espace n'arrive pas à comprendre pourquoi de
toutes parts on s'acharne, c'est le mot, à le traquer et
parquer en entrepôts d'où par éléments saccadés grim-
pent ces échelles, ces rayonnages, des piles de ciel en
boîte et des sacs de nuages bien rangés dessus. Alors

il les compte, il se trompe, hésite, recommence, veut
tourner mais la place manque, il est désemparé comme
ces couples de promeneurs aux faces roses de pilules, et
ces chiens aigris qui divaguent puis se plantent au centre
des plans de cailloux, obligeant à de prudents détours
par un hachis de glaise et de coke. Si peu

qu'on écoute le silence de ce pâle dimanche pharma-
ceutique, on entend dans le peuplier de garde l'espace
murmurer qu'il n'en peut plus, qu'on l'expulse de tout
ce mobilier de conjuration de séisme, alors que devant la
cabane en manches de porte-plume qui penche au fond
du potager, deux gros fauteuils de velours grenat, pai-
sibles comme des pantoufles, semblent attendre le
retour improbable de Donald et de Pluto. L'espace

comprend bien qu'on l'étrangle et qu'il doit s'en aller
tout de suite, vite avant que les longs doigts pleins

d'ongles des ponts et ces tresses de coton dans le ciel se rejoignent, abrégeant le dernier *quoi* de la dernière grenouille du marais. Et comme

il se redresse d'un seul coup très droit en cognant au passage les angles de tout son front, on voit encore une fois la grandeur déjà presque assommée de l'espace, l'immensité de son désarroi, sa détermination maintenant aveugle de foncer vers le sud où, peut-être, subsiste assez d'espace pour loger l'espace réfugié, vêtu de ce léger voile qui filtre la douceur du soleil après les catastrophes. C'est pareil à

l'exode d'une vieille tribu dépenaillée, avec ses yeux trop clairs pour son poil noir, ses poux, palabres, fils de fer, linge raflé, cages à poules, cris d'essieux dans la boue du territoire vendu pour peu de farine et, parmi l'ébranlement de literie et de tuyaux de poêle, l'adieu sans phrases aux opiniâtres qui commencent à creuser. Ainsi

ce verger triangulaire où l'on s'enfouit entre des poiriers bas et de l'herbe quand même confusément heureuse, profonde comme l'oubli, profonde comme la mémoire quand elle n'est plus celle de personne.

Notes

Revu et corrigé au fil des années, le texte de la présente édition constitue l'état sans doute définitif de *Hors les murs*, publié à l'origine dans la collection « Le Chemin » (Gallimard, 1982). Il s'agit de corrections de détail qui n'ont pas affecté la composition du livre ni le parti adopté pour la versification. La plupart des pièces (dont plusieurs ont paru d'abord dans *La Nouvelle Revue Française*) ont été écrites au cours de l'année 1980, et non sans une sorte de méthode, comme s'il s'était agi de procéder à des relevés topographiques des lieux parcourus. C'est en quoi s'imposaient l'utilisation du *mètre*, étalonné sur la mesure classique, et l'emploi ostensible des rimes en guise de jalons. L'ensemble s'ouvre et se clôt toutefois sur des pages de prose, et quelques poèmes du début sont composés en vers blancs de quatorze syllabes dits « mâchés » (parce que leur diction effective ou mentale suppose l'élimination naturelle des *e* muets). *Terminus* se conforme laborieusement au modèle inconfortable de la sextine, inventé par Arnaut Daniel. Les *Vues de la Butte-aux-Cailles* et *Palaiseau (Exode)* restent dédiés respectivement à Pierre Lambert et à Pierre Oster, et la silhouette de Jean Grosjean continue de traverser incognito *Versailles*. La dette dont, pour leur attention, l'auteur se jugeait redevable envers Nicole Euvremer et Georges Lambrichs, demeure entière.

Après vingt ans, bien des endroits évoqués dans ce livre n'appartiennent plus qu'à la réalité de la mémoire, de la photographie, ou de l'imagination. Cependant la ligne d'autobus 323 existe encore. Commode et pittoresque, elle fonctionne entre la mairie d'Ivry et la mairie d'Issy-les-Moulineaux (et vice versa).

L'Ourcq contient un hommage aux acteurs d'une des dernières hardies opérations de la cavalerie française au XXe siècle. C'est à Ris-Orangis que la Seine reçoit la modeste contribution du ru de L'Écoute-s'il-pleut. Généralement déplorables, les métamorphoses du paysage suburbain expliquent peut-être la fluctuation des sentiments de l'auteur. À titre documentaire, on pourra lire ci-après *Aux banlieues*, palinodie extraite du recueil *Lettre sur l'univers* (Gallimard, 1991), puis *L'incorrigible* qui conclut le recueil du même titre (Gallimard, 1995) par une palinodie de la précédente — rejoignant de la sorte le territoire de *Hors les murs*, exploré dès 1977 (au pas de la prose) par toute une section des *Ruines de Paris* (Poésie/Gallimard n° 278).

AUX BANLIEUES

J'aurai beaucoup aimé vos charmes équivoques,
Villas, petits manoirs, usines et bicoques
Perdus au bout d'un parc qu'on défonce, ou tassés
Dans des jardins étroits qui n'ont jamais assez
De dahlias, de choux et parfois de sculptures
En fil de fer levant par-dessus les clôtures
Des visages de dieux taillés dans l'isorel.
Votre artifice fut pour moi le naturel,
Et vos combinaisons, où l'ordre dégénère,
Une contrée enfin tout à l'imaginaire
Vouée. Et j'ai longtemps erré, comme en dormant,
De surprise morose en fade enchantement,
Mais toujours attiré plus loin, mis en alerte
Par la proximité de quelque découverte
Philosophale : au coin frémissant d'un sentier
Qui débouchait soudain sur un trou de chantier,
Ou bien vers le sommet désert d'une avenue
Conduisant en plein ciel à la déconvenue
D'un plateau hérissé de tours et ceinturé
D'un fulminant glacis d'autoroutes. J'aurai
Beaucoup aimé vos soirs, quand l'odeur de la soupe
Monte des pavillons qu'un soleil bas découpe
En signes noirs secrets sur le rouge horizon,
Tandis qu'obliquement, à travers un gazon
Bien tondu, par un toit de serre abandonnée,
La lune, sur mes pas, entamait sa tournée
De veilleuse légère aux pans de murs caducs,

Au remblai qui s'effondre, aux minces aqueducs
Enjambant la cohue inerte déballée
Dans ses rêves au fond d'une obscure vallée.
Tous les bleus, tous les gris des ciels je les ai bus
En marchant, au carreau vibrant des autobus.
Mes yeux ont conservé leur fugitive empreinte,
Mon allure, un je ne sais quoi du labyrinthe
Sans centre et sans issue où, seul, je dérivais,
Porté par les remous d'un infini mauvais,
Et toujours repoussé dans les mêmes ornières,
De Bagneux à Montreuil, à Romainville, Asnières...

Mais je suis fatigué de vos charmes, faubourgs,
Même quand un printemps allègre vous festonne,
Et quand votre diversité si monotone
Se surpasse pour m'étourdir de calembours.

Au temps du doryphore et des topinambours,
J'ai vécu là pourtant en parfait autochtone.
C'est peut-être pourquoi vos hasards ne m'étonnent
Plus guère. Mais je rêve à d'immenses labours

Où m'en aller tout droit, de colline en colline,
À l'écart des hameaux pris par l'indiscipline
Pavillonnaire qui les rend pareils à vos

Débordements, et finiront par s'y confondre,
Laissant le monde entier, par monts, routes et vaux,
Tourner en rond sur soi comme un vieil hypocondre.

L'INCORRIGIBLE

Le chaos suburbain, sa magie équivoque,
J'ai cru sincèrement que je ne les aimais
Plus : je vous recherchais, Vallée Heureuse. Mais
On ne se refait pas. Qu'est-ce qui me convoque ?

Alors aussi longtemps qu'un reste de vigueur
Me gardera le pied vaillant sur les pédales,
Je recommencerai d'aller par ces dédales
Entre les boulevards qui traînent en longueur.

Tout change sans arrêt ; une faible mémoire
Me fait revoir à neuf ce qui n'a pas changé,
Et souvent l'inconnu me semble un abrégé
Des figures peuplant le morne territoire

Où pourtant je m'enfonce encore, jamais las
De vieux murs décrépits, de couchants qui s'éteignent
Au fond de potagers en friche dont la teigne
Disparaît en avril sous un flot de lilas.

Comme le vers repart et tourne dans la strophe,
En prenant pour pivot la rime sans raison,
Je vais d'un coin de rue à l'autre ; ma prison
Adhère à l'infini constamment limitrophe.

Mais soudain les cloisons s'envolent : on atteint
Un rebord où le ciel embrasse tout l'espace.

Dans leur intimité sans mouvement, je passe
Et repasse, à la fois convive et clandestin.

Comme dans la clarté qui pénètre le rêve
Où je reconnais tout (mais tout est surprenant),
Tout fait signe, et je vais comprendre, maintenant,
Ou bien dans un instant qui dure, qui m'élève.

Et je roule sans poids, je lâche le guidon :
Voici le vrai départ, qui clôt la promenade,
Le vrai monde — son centre est cette colonnade
Qu'on voit au loin depuis une gare, à Meudon.

Né en 1929, à Lunéville, d'une rencontre de la Bourgogne et du Piémont, Jacques Réda a écrit ses premiers poèmes onze ans plus tard dans la région parisienne, et — tant par présomption que par désarroi patriotique — en latin et en anglais. Revenu à la langue maternelle, il a d'abord éparpillé des pages dans diverses revues comme *La Pipe en Écume, Les Temps Modernes* ou *Les Cahiers du Sud*. Puis, entre 1968 et 2001, il a publié une trentaine d'ouvrages en prose ou en vers, tout en poursuivant sa collaboration à *Jazz Magazine*, aux *Cahiers du Chemin*, à la *Revue de Belles Lettres*, à *La Nouvelle Revue Française* où, en 1987, il devait succéder pour huit ans à Georges Lambrichs. Il a un peu circulé en France, en Europe et dans les vingt arrondissements de Paris. Sur les pentes himalayennes, sa descendance à demi sherpa prolonge le chemin. Il utilise une machine à écrire mécanique de la marque Olympia.

Amen (Gallimard, collection « Le Chemin »), 1968[1].

Récitatif (Gallimard, collection « Le Chemin »), 1970[1].

La tourne (Gallimard, collection « Le Chemin »), 1975[1].

Les Ruines de Paris (Gallimard, collection « Le Chemin »), 1977[2].

L'Improviste, une lecture du jazz (Gallimard, collection « Le Chemin »), 1980.

Anthologie des musiciens de jazz (Stock), 1981. (Épuisé).

P.L.M. et autres textes (Le Temps qu'il fait), 1982[3].

Hors les murs (Gallimard, collection « Le Chemin »), 1982.

Gares et trains (A.C.E., collection « Le Piéton de Paris »), 1983[4]. (Épuisé).

Le bitume est exquis (Fata Morgana), 1984.

L'Herbe des talus (Gallimard, collection « Le Chemin »), 1984[5].

Celle qui vient à pas légers (Fata Morgana), 1985.

Beauté suburbaine (Fanlac), 1985.

Jouer le jeu (L'Improviste II) (Gallimard, collection « Le Chemin »), 1985.

Premier livre des reconnaissances (Fata Morgana), 1985.

Châteaux des courants d'air (Gallimard), 1986.

Un voyage aux sources de la Seine (Fata Morgana), 1987[6].

Recommandations aux promeneurs (Gallimard), 1988.

Ferveur de Borges (Fata Morgana), 1988.

Un paradis d'oiseaux (Fata Morgana), 1988[7].

---

1. Repris dans la collection Poésie/Gallimard, 1988.

2. Repris dans la collection Poésie/Gallimard, 1993.

3. La version définitive de ces textes est incluse dans *L'Herbe des talus.*

4. La version définitive de cet ouvrage constitue la dernière partie de *Châteaux des courants d'air.*

5. La version définitive a paru en 1995 dans la collection Folio (n° 2793), Gallimard, 1995.

6. La version définitive de ce récit figure dans *Recommandations aux promeneurs.*

7. La version définitive de ces poèmes est incluse dans *Retour au calme.*

Retour au calme (Gallimard), 1989.

Le Sens de la marche (Gallimard), 1990.

L'Improviste, une lecture du jazz, édition revue et définitive (Gallimard, Folio/Essais), 1990[1].

Sonnets dublinois (Fata Morgana), 1990[2].

Affranchissons-nous (Fata Morgana), 1990.

Lettre sur l'univers et autres discours en vers français (Gallimard), 1991.

Aller aux mirabelles (Gallimard, collection «L'Un et l'Autre»), 1991.

Un calendrier élégiaque (Fata Morgana), 1991[3].

Nouveau livre des reconnaissances (Fata Morgana), 1992.

Aller à Élisabethville (Gallimard, collection «L'Un et l'Autre»), 1993.

L'Incorrigible (Gallimard), 1995.

La Sauvette (Verdier), 1995.

Abelnoptuz (Théodore Balmoral), 1995.

La Liberté des rues (Gallimard), 1997.

Le Citadin (Gallimard), 1998.

Le Méridien de Paris (Fata Morgana), 1998.

La Course (Gallimard), 1999.

Moyens de transport (Fata Morgana), 2000.

Le Lit de la reine (Verdier), 2001.

Accidents de la circulation (Gallimard), 2001.

Éléments de bibliographie

Jacques ROUBAUD : *La Vieillesse d'Alexandre* (François Maspero), 1978 ; nouvelle édition Ivréa, 2000.

Roger MUNIER : *Le Parcours oblique* (La Différence), 1979.

---

1. Un volume regroupant *L'Improviste* et *Jouer le jeu.*
2. La version définitive de ces poèmes est incluse dans *L'Incorrigible.*
3. *Ibid.*

Lionel RAY : « *Hors les murs* », *Nouvelle Revue française*, février 1983.

Jean-Michel MAULPOIX : *Jacques Réda, le désastre et la merveille* (Seghers, collection « Poètes d'aujourd'hui »), 1986.

Jean-Pierre RICHARD : « Scènes d'herbe » (in *L'État des choses*, Gallimard, collection « NRF Essais »), 1990.

Hédi KADDOUR : « L'Astre et le site » (in *L'Émotion impossible*, Le temps qu'il fait), 1994.

Gil JOUANARD : « Jacques Réda ou la jubilation poétique » et « De l'humour nostalgique » (in *D'après Follain*, Deyrolle), 1997.

Claude ROY : « La voix de Jacques Réda » (in *Chemins croisés*, Gallimard), 1997.

Yves LECLAIR : « Petit selectionnaire de Réda à l'usage des traînards » (in *Bonnes compagnies*, Le temps qu'il fait), 1998.

Gérard FARASSE : « Réda en trompe l'œil » (in *Empreintes*, Presses Universitaires du Septentrion), 1998.

Bernadette ENGEL-ROUX : *Rivage des Gètes, une lecture de Jacques Réda* (Babel Éditeur, Mazamet, 1999).

Collectifs : *Hervé Micolet présente Lire Réda* (Presses Universitaires de Lyon), 1994.

— *Approches de Jacques Réda* (Publications de l'Université de Pau), 1994.

Parmi les principales études non reprises en volume, on citera celles de Claude ADELEN, Pierre BERGOUNIOUX, Richard BLIN, Friedhelm KEMP, Daniel LEUWERS, Sébastien MAROT, Jean ROUDAUT, Michael SHERINGHAM, Pierre-Alain TÂCHE, John TAYLOR, Ursula WALLER-THOMAS.

Le parallèle de Vaugirard

L'année à la périphérie

Ligne 323

Eaux et forêts

DERNIÈRES PARUTIONS

Ce volume,
le trois cent cinquante-huitième
de la collection Poésie,
a été composé par Interligne et
achevé d'imprimer sur les presses
de l'imprimerie Bussière à Saint-Amand (Cher),
le 4 avril 2001.
Dépôt légal : avril 2001.
Numéro d'imprimeur : 12245.
ISBN 2-07-041880-4./Imprimé en France.